Entre les traductions, le

Marta Susana García

Entre les traductions, les roses, les jagunços et les anges

ScienciaScripts

This book is a translation from the original published under ISBN 978-613-9-70794-2.

Publisher:
Sciencia Scripts
is a trademark of
Dodo Books Indian Ocean Ltd. and OmniScriptum S.R.L publishing group

120 High Road, East Finchley, London, N2 9ED, United Kingdom
Str. Armeneasca 28/1, office 1, Chisinau MD-2012, Republic of Moldova, Europe

ISBN: 978-620-7-25810-9

Chapitre 1

Grande Sertão : Veredas. Qu'est-ce que c'est que ce "yagunzo" ?

Auteur : Marta Susana García[1]

[1] martasusanag3@gmail.com

Résumé

L'objectif de cette étude est d'évaluer, d'un point de vue culturel, les éléments lexicalement créatifs dans les traductions espagnoles du roman *Grande Sertão de* João Guimarães Rosa *: Veredas, c'*est-à-dire les solutions apportées par les traducteurs aux termes inexistants dans les dictionnaires espagnols, tels que *yagunzo* et *sertón*. Cette étude s'appuie sur les réflexions théoriques de Valentín García Yebra sur la traduction, sur les théories linguistiques et traductologiques d'Antoine Berman et de Georges Mounin et sur l'étude *As Formas do Falso* de Walnice Nogueira Galvão. Les déclarations de Rosa sur l'œuvre lors du Congrès des écrivains latino-américains de Gênes en 1965 ont également été utilisées pour apporter des éclaircissements supplémentaires.

Mots-clés : Guimarães Rosa ; Solutions translationnelles ; Traductibilité.

Introduction

Dans l'article *Introduction à la traductologie,* Andréa Guerini et Walter Costa mentionnent le célèbre essai *De l'esprit des traductions* (1821), dans lequel Madame Stäel invite tous les pays à traduire :

> Il n'y a pas de service plus éminent qui puisse être rendu à la littérature que de transposer les chefs-d'œuvre de l'esprit humain d'une langue à l'autre. Il y a si peu de productions de premier ordre ; le génie, dans quelque domaine que ce soit, est un phénomène si rare que si chaque nation moderne était réduite à ses propres trésors, elle serait toujours pauvre". (2004, p. 141)

L'analyse de ce concept montre l'importance de la traduction et de la retraduction dans le monde littéraire. Les nouvelles traductions d'une même œuvre sont d'une importance fondamentale pour évaluer le travail de traduction, les caractéristiques des traducteurs, la délimitation des différences dans la pratique de la traduction, la délimitation du public cible, l'époque et les différences culturelles. Il s'agit d'une fonction fondamentale car elle permet à l'œuvre littéraire de passer dans une culture différente, ce qui peut également permettre une récupération dans la culture cible.

Cette étude, centrée spécifiquement sur le roman *Grande Sertão* de Guimaraes Rosa *: Veredas*, montre comment l'interprétation du traducteur, dans la perspective de cultures différentes, peut conduire à des solutions curieuses dans la langue cible ou utiliser celles déjà trouvées par le traducteur précédent de la même œuvre. C'est le cas des deux traductions dans la langue de Cervantès du roman de Guimarães Rosa, publiées en 1956 par José Olympio.

La première version espagnole a été réalisée par le critique d'art et traducteur Ángel Crespo et publiée par Seix Barral en 1967. Le poète espagnol l'a écrite en adoptant une approche expérimentale et en tentant de recréer la langue castillane elle-même, sans se conformer à l'espagnol habituel et en respectant le concept de littérature créative de Guimarães Rosa. Crespo a élaboré un glossaire des termes les plus sujets à caution.[2]

En 2011, l'éditeur Adriana Hidalgo a publié la deuxième traduction du roman en question par les Argentins Florencia Garramuño et Gonzalo Aguilar. Dans cette traduction, les Argentins expliquent dans leur préface à *Gran Sertón : Veredas* que le projet de traduction qu'ils ont entrepris s'est basé, tout d'abord, sur la décision de ne pas ajouter de notes de bas de page ou de glossaires, tout en sachant que Guimarães Rosa avait conseillé ce type de solution aux précédents traducteurs de l'œuvre dans d'autres langues ; faisant ainsi appel à l'intelligence des lecteurs, mais incorporant des explications de certains termes, une sorte de traduction interne. En ce qui concerne les noms de plantes, d'animaux et de toponymes typiques du Brésil, avec l'idée d'intraduisibilité présentée dans le glossaire de la première traduction de Crespo, les traducteurs argentins, contrairement à cette idée, ont traduit tout ce qui était possible en utilisant des termes d'origine indigène, partagés par les deux langues : portugais et espagnol. Deuxièmement, la décision a été prise de rapprocher la langue espagnole du rythme de la narration du roman.

Pour traduire un roman de cette envergure, le traducteur doit tenir compte du profil et du style de l'auteur, de sa biographie, en l'occurrence Guimarães Rosa, un grand érudit, détenteur d'une culture et d'une sensibilité inhabituelles, un "homme du sertão"[3] , un homme de grand talent, qui a réalisé une œuvre totalement différente et révolutionnaire, un exemple typique d'intraduisibilité, ce qui a rendu la tâche des traducteurs très complexe. Dans ce roman, nous trouvons des expressions, des termes, des syntaxes, des

[2] Un concept expliqué par Angel Crespo lui-même dans la Note du traducteur de l'ouvrage *Grande Sertão : Veredas*, traduit sous le titre *Gran Sertón : Veredas* (1967, p. 09-11)
[3] Concept révélé dans *Dialogues avec Guimarães Rosa*, entretien réalisé par Günter Lorenz à Gênes, janvier 1965.

archaïsmes, des modes communes à l'intérieur de l'État du Minas Gerais et aussi celles qui sont nées de la plume créative de l'auteur, ainsi que des brésilianismes en général.

Comme l'a déclaré l'écrivain de Minas Gerais dans un entretien avec Günter Lorenz : "Chaque langue porte en elle une vérité intérieure qui ne peut être traduite." (1991, p. 87)

Rosa a mis l'accent sur son amour des langues, ce qui l'a amené à apprendre plusieurs langues étrangères afin d'enrichir la sienne et de pouvoir lire en version originale des auteurs tels que Kierkegaard, Dostoïevski, Unamuno, Confucius, les *Mille et une nuits,* Flaubert et bien d'autres.

Enfant, Rosajá écrivait d'une manière particulière, transformant les mots en quelque chose de magique, comme le montrent les images suivantes d'une lettre à l'une de ses sœurs et de deux cartes

postales, aujourd'hui grand-père, en provenance du Mexique et du Panama.

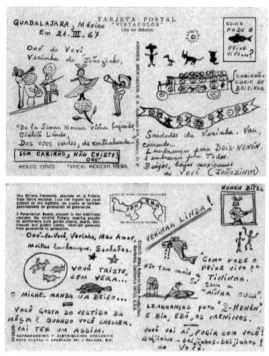

Cartes postales envoyées par Rosa du Mexique et du Panama

Grâce à ses origines et à son expérience de la vie, Rosa donne vie à son travail.

> Tu vois, Lorenz, nous, les hommes des bois, sommes des fabulistes par nature. C'est dans notre sang de raconter des histoires ; nous avons reçu ce don pour la vie dans les vers. Dès notre plus jeune âge, nous écoutons constamment les récits multicolores des anciens, les contes et les légendes, et nous sommes également élevés dans un monde qui peut parfois ressembler à une légende cruelle. Ainsi, nous nous habituons, et le conte coule dans nos veines et pénètre notre corps, notre âme, car le sertão est l'âme de ses hommes. (ROSA, 1991, p. 69)

Médecin, rebelle, soldat, diplomate, polyglotte :

> En tant que médecin, j'ai appris la valeur mystique de la souffrance ; en tant que rebelle, la valeur de la conscience ; en

> *tant que soldat, la valeur de la proximité de la mort...[...] Ma*
> *devise est la suivante : la langue et la vie sont une seule et même*
> *chose. Celui qui ne fait pas de la langue le miroir de sa*
> *personnalité ne vit pas ; et comme la vie est un flux continu, la*
> *langue doit aussi évoluer constamment.* (ROSA, 1991, p. 67-83)

Pour l'écrivain de Cordisburgo, l'écriture est un processus chimique, il doit être alchimiste. Il pensait qu'un sorcier des mots devait venir du sertão et affirmait que des écrivains comme Goethe, Dostoïevski, Toltoi, Flaubert et Balzac, pour lesquels il éprouvait une grande admiration, étaient nés dans le sertão.

Parlant de *Grande : Veredas*, il révèle que ce roman était la fin d'un développement, d'une autobiographie irrationnelle, ou plutôt d'une autoréflexion irrationnelle.

Il est convaincu que le Brésil est un cosmos, un univers, et donc que Riobaldo, le personnage/narrateur, et tous ses frères sont des habitants de cet univers.

Quel genre de jagunço est-ce là ? Ce n'est pas Fausto, ce n'est pas un mystique baroque. Riobaldo est le sertão fait homme, il est trop banal pour être un mystique, et trop mystique pour être Faust ; et le baroque, dit Rosa, "n'est que la vie qui prend forme dans le langage." (1991, p. 95)

2. Théories linguistiques de la traduction

Il est essentiel que le traducteur prenne conscience de la diversité culturelle et la traduise dans sa propre langue. La traduction est un exercice de transmission culturelle d'une grande responsabilité.

Valentín García Yebra, dans *Experiencias de um tradutor (Expériences d'un traducteur),* dit que dans le contenu d'un texte il faut distinguer, à la suite d'Eugenio Coseriu, la signification, la désignation et le sens. Le sens est la base mentale qui sous-tend chacun des signifiants qui composent le texte. La désignation est la référence des signes linguistiques aux réalités qu'ils désignent. Le sens est ce que le texte veut dire, même s'il ne coïncide pas avec les désignations ou les significations. Que doit donc traduire le traducteur ?

Selon Yebra, il n'est pas possible de traduire le sens tel qu'il a été défini, tout simplement parce qu'il est presque toujours inconnu, même dans sa propre langue et évidemment beaucoup plus dans d'autres langues. D'autre part, très souvent, le sens des mots dans une langue n'a pas d'équivalent dans une autre. Quelle est donc la règle pour le traducteur ? Suffit-il de traduire le sens sans tenir compte des désignations ? Dans la lignée du philologue et traducteur espagnol, nous lisons :

> Le traducteur est tenu de préserver non seulement le sens du texte, mais aussi ses désignations, parfois même ses significations, pour autant que la langue terminale, la langue dans laquelle il traduit, ne lui impose pas des équivalents qui font l'économie des significations et même des désignations (il ne peut jamais y avoir d'équivalents qui fassent également l'économie des significations). (2006, p. 14-17)

Dans *Los problemas teóricos de la traducción,* Georges Mounin explique que la linguistique interne montre que chaque langue segmente des aspects différents d'une même réalité. C'est la langue qui organise la vision de l'univers. Cependant, la linguistique externe, avec l'aide de la sociologie, ajoute des raisons supplémentaires de discuter de la légitimité et de la validité de l'opération de traduction. C'est ce que dit Mounin :

> *Non seulement la même expérience du monde est analysée différemment dans différentes langues, mais l'anthropologie culturelle et l'ethnologie nous amènent à penser que (dans certaines limites) ce n'est pas toujours le même monde qui exprime des structures linguistiques différentes. Il est désormais admis qu'il existe des "cultures" (ou civilisations) profondément différentes, qui constituent non pas autant de "visions du monde" différentes, mais autant de "mondes" réels différents* (1971, p. 77).

La question se pose de savoir si, à partir de ces mondes très différents, ils pourraient être compris et traduits.

Dans la ligne de pensée de Mounin, la traduction est comprise comme un contact entre des langues alternées par le même individu. La langue cible dans laquelle le traducteur traduit est influencée par la langue source, ce que le linguiste appelle des erreurs de traduction ou des fautes, des comportements linguistiques fréquents chez les traducteurs, tels que : une prédilection pour les néologismes, une tendance à l'emprunt, des imitations, des citations non traduites et d'autres encore.

La traduction est, comme le propose Mounin sur la base de Weinreich, un contact entre les langues, le bilinguisme, mais elle, la traduction, résiste aux conséquences orales individuelles de toute déviation des normes linguistiques, contre l'interférence, ce qui rendra difficile la découverte d'exemples intéressants dans les textes traduits ; l'objectif de cet article en termes d'interférence du bilinguisme dans des langues aussi proches que le portugais et l'espagnol, mais dans des cultures avec tant de différences et de particularités.

Pour ce linguiste, aux difficultés liées aux différentes visions du monde s'ajoute le problème du sens, auquel s'ajoutent les différentes cultures (civilisations) qui impliquent leurs propres notions et posent des problèmes de traduction très complexes. Une discipline comme l'ethnographie nous permet d'entrer dans ces visions du monde et dans d'autres civilisations, car la traduction n'est pas seulement une opération linguistique. La linguistique est un moyen d'accéder aux significations, mais il est nécessaire de prendre en compte le parti pris de l'ethnographie comme moyen le plus approprié d'accéder aux significations d'une culture. Malgré les divergences constatées entre les langues, il existe aussi des convergences, et la notion d'universaux linguistiques aide à la traduction. Mounin se demande si ces universaux existent au niveau morphologique, syntaxique et sémantique. Il y a des attributs communs qui permettent de passer d'une langue à l'autre, donc dans le domaine des universaux, la traduction serait possible.

Au sujet de la traductibilité universelle, Antoine Berman dit : " De même, toutes les langues sont une(s) parce que le *logos* y règne, et c'est là, au-delà de leurs différences, le fondement de la traduction ". (2012, p. 44, souligné par l'auteur)

Sous le sous-titre *Néologie et dimensions de la littéralité*, dans *La traduction et la lettre ou l'auberge du lointain,* le théoricien et critique de la traduction aborde la question de la pratique de l'archaïsme et du néologisme, et affirme : " La traduction est nécessairement néologique. [Car toute grande traduction se distingue par sa richesse néologique, [...]" (2012, p. 101).

Roman Jakobson, dans *Linguistics and Communication,* mentionne que, selon Bertrand Russell, "personne ne peut comprendre le mot 'fromage' à moins d'avoir une connaissance non linguistique du fromage". (2010, p. 79). Il faut utiliser une série de signes linguistiques pour faire comprendre un nouveau mot.

Pour Jakobson, comme pour tout utilisateur de la langue, "la signification d'un signe linguistique n'est rien d'autre que sa traduction par un autre signe qui peut lui être substitué". (2010, p. 80)

Le sens d'un mot ou d'une phrase est un fait linguistique ou, plus précisément, un fait sémiotique. En suivant le raisonnement de Jakobson, le meilleur argument contre ceux qui attribuent le sens non pas au signe, mais à la chose elle-même, serait de dire que personne n'a jamais goûté ou senti le sens d'un mot ou d'une phrase. Pour comprendre un nouveau terme, il faut recourir à toute une série de signes linguistiques. Pour le linguiste ou l'utilisateur de mots, le sens d'un signe linguistique n'est rien d'autre que sa traduction par un autre signe.

Les théories linguistiques et de la traduction présentées ci-dessus révèlent les difficultés auxquelles sont confrontés les traducteurs lorsqu'ils traduisent une langue dans une autre, comme dans le cas de *Grande Sertão : Veredas, qui fait* l'objet du présent article. Dans ce cas, des langues aussi proches que le portugais et l'espagnol, et nulle autre que la langue de Guimarães Rosa, servent de scène pratique à ces théories.

Comme nous l'avons déjà dit, ce roman est truffé de termes typiquement brésiliens qui n'ont pas d'équivalent en espagnol, mais cet article n'en commentera que deux : sertão et jagunço.

Selon le dictionnaire Aurélio, la signification de sertão est la suivante :

> *n. Lieu rude éloigné des zones cultivées. Forêt éloignée de la côte. P. ext. L'intérieur du pays. Bras. (NE) Zone intérieure plus sèche que la caatinga.*

Sur le site *Info-Escola Navegando e aprendendo*, vous trouverez une définition du mot "sertão" :

> *L'origine du mot "sertão" est controversée. Certains prétendent qu'il dérive d'un mot d'origine angolaise : "muceltão", qui signifie "lieu intérieur", "terre entre les terres", "lieu éloigné de la mer". Le mot angolais aurait été transformé en "celtão", puis en "certão", jusqu'à ce qu'il prenne la forme actuelle de "sertão".*
>
> *Une autre version, plus acceptée, attribue le mot "sertão" au mot latin "desertanu", utilisé pour désigner des régions intérieures, éloignées de la côte, mais pas nécessairement avec un climat aride, qui aurait été modifié en "desertão" puis en "sertão".*
>
> *À l'époque coloniale du Brésil, le terme "sertão" était souvent utilisé pour désigner les terres encore inexplorées de l'intérieur du pays, peu habitées, difficiles d'accès et donc non développées. Avec le temps et la colonisation d'une grande partie des "sertões", la définition la plus courante est devenue liée aux régions qui composent la région semi-aride brésilienne, mais l'intérieur du Mato Grosso, du Goiás et même de l'Amazonas sont également appelés "sertão" dans le sens de régions peu peuplées.*
>
> *Quoi qu'il en soit, le mot "sertão" est étroitement lié à l'histoire et à l'identité sociale et culturelle, en particulier dans les régions du nord-est du Brésil et du nord de Minas Gerais.*
>
> *Cela est dû en grande partie au travail d'écrivains tels que Guimarães Rosa ("Grande Sertão : Veredas"), Euclides da Cunha ("Os Sertões"), Graciliano Ramos ("Vidas Secas") et Afonso Arinos ("Os Jagunços" et "Pelo Sertão"), qui ont utilisé l'arrière-pays du nord-est et du Minas Gerais comme cadre idéal pour leurs histoires, contribuant ainsi à créer une conception quelque peu romantique de la vie et de l'homme de l'arrière-pays dans l'imagination populaire.*

Signification de Jagunço :

s.m. Bras. Sorte de bâton "chuço" ou "ferrado", c'est-à-dire avec une pointe de fer acérée, utilisé comme arme populaire d'attaque et de défense, en particulier à Bahia et à Pernambuco. C'est à partir de cette arme que le mot jagunço est venu désigner ceux qui l'utilisaient de manière professionnelle. Le jagunço, surtout à Bahia, est devenu le garde du corps des politiciens, des fermiers et des propriétaires de plantations, l'homme de main.

Le mot "jagunço" est devenu populaire à la fin du 19e siècle à cause de la guerre de Canudos. Il s'agissait simplement d'un régionalisme bahianais.

José Calasans, de l'université fédérale de Bahia, dans son essai *Os jagunços de Canudos,* indique que Paulo Teréncio, spécialiste du vocabulaire des Sertões, admet que l'origine de ce mot est africaine, "zarguncho", une arme utilisée par les cafres. Le nom a été appliqué à ceux qui l'utilisaient. Cet érudit confirme la présence de ce mot chez des écrivains portugais tels que Camilo Castelo Branco et Antônio Diniz.

Enfin, le terme "jagunço" apparaît au Brésil dans le roman *O Matuto* de Franklin Távora, publié en 1878, et popularisé plus tard dans *Os Sertões* par le journaliste-écrivain Euclides da Cunha.

Mais qu'en est-il du jagunço de Rosiano, celui de l'arrière-pays magique du grand roman ?

Je ne suis pas un dompteur de chevaux ! Et même ceux qui s'engagent à être jagunço ont déjà une sorte de compétence qui vient du diable. Est-ce vrai ? C'est vrai ? (ROSA, 2001, p. 26)

Dans l'ouvrage de Walnice Nogueira Galvão, *Les formes du faux*, on peut lire qu'au Brésil, une tradition séculaire veut qu'une force armée soit au service d'un propriétaire terrien et d'un homme politique, présente à l'intérieur de la propriété, garantissant les limites, s'occupant de la défense et de l'offensive et, tout aussi important, intervenant dans les élections, soit pour les votes qu'elle représente, soit pour ceux qu'elle peut obtenir par l'intimidation ou la fraude ; la violence étant une pratique routinière. "Vous savez, le sertão est le lieu où les forts règnent, avec leur ruse. Dieu lui-même, quand il vient, qu'il vienne armé !". (ROSA, p. 35)

Suivant les réflexions de Galvão, la tradition attribue à ce jagunço des actions chevaleresques, un comportement que la bande de Riobaldo manifeste en de légères occasions :

> La propriétaire était déjà une femme sortie de l'adolescence, mais elle avait trois ou quatre filles, et d'autres parents, mariés ou jeunes, aisés. J'ai calmé leur frayeur et je n'ai offert ou consenti à aucun manque de considération, parce que c'était mon plaisir de voir des dames et des demoiselles naviguer ainsi parmi nous, assurées de leurs honneurs et de leurs cadeaux, et avec toute la courtoisie sociale. (ROSA, 2001, p. 469)

Mais il y a aussi des récits historiques de sadisme, de torture et de cruauté ; le personnage tue, viole, met le feu et détruit. Cependant, comme le souligne Walnice Galvão, il est possible et séduisant de voir en lui un héros, un Robin des Bois du caboclo.

3. Sur les solutions de traduction

Dans l'article de Carlos A. Pasero, professeur à l'université de Buenos Aires (Argentine), intitulé *Los límites de la lengua. Benjamín de Garay y la praxis de la traducción*, il analyse la justification par ce traducteur argentin de la tâche ardue que représente la traduction du portugais et met en évidence la position de Garay face à la richesse et à la complexité de cette langue.

Dans son ouvrage, Pasero souligne que, du début du XXe siècle jusqu'aux années 1940, le traducteur littéraire le plus actif du portugais vers l'espagnol a été l'Argentin Benjamín de Garay. Parmi les traductions les plus importantes, citons *Casa Grande & Senzala* de Gilberto Freyre et *Os Sertões* d'Euclides da Cunha.

Dans *Dos palabras del traductor, dans* la version castillane de *Os sertões* , Garay présente des arguments intéressants justifiant la castillanisation du titre : "El vocablo regional *sertão* - dice Garay - no tiene equivalente en nuestro idioma" (GARAY, 1938, p. 28).

Garay souligne les particularités régionales particulièrement significatives du mot brésilien, qui a nécessité une clarification de la part du traducteur pour des raisons évidentes. L'emprunt linguistique pourrait susciter la controverse de la part des détracteurs, tant argentins que brésiliens.

Selon César Viale, lors d'un déjeuner controversé, il écrit :

> *Comme une œuvre brésilienne intitulée "Os Sertoes" doit bientôt être traduite en espagnol dans le cadre d'une initiative culturelle, Pedro Calmon estime qu'il serait juste de l'appeler : "Los Desiertos", ce qui est controversé car il n'y a pas d'unanimité sur le fait que cette expression est heureuse.* (VIALE, 1942, p. 189)

Garay risque d'interpréter le mot "sertão" comme une réduction de "desertão" comme étant le résultat de la "Ley del menor esfuerzo, tan común a todas las razas indolentes de los trópicos" (GARAY, 1938, p. 29). Et il justifie que la particularité lexicale est la principale raison de la castellanisation du titre.

Comme dans la première édition de *Os Sertões* pour la langue castillane, le titre est publié sous le titre *Los Sertones (L'arrière-pays)*. Dans la deuxième édition, il ajoute un sous-titre qui n'existe pas dans l'original : *La tragedia del hombre derrotado por el medio*.

Nous pouvons donc conclure que l'utilisation ultérieure de ce mot en espagnol, comme dans le roman *Grande Sertão* de Guimarães Rosa : *Veredas, le* poète et traducteur espagnol Ángel Crespo a utilisé le terme non dictionnaire de la langue de Cervantès : "sertón", et un glossaire à la fin du livre. Garramuño et Aguilar, les traducteurs argentins, ont utilisé le glossaire de Crespo, rendant ainsi justice à la pensée de Rosa : "Le sertão a la taille du monde". (ROSA, 2001, p. 89)

En 1981, l'écrivain péruvien et lauréat du prix du roman 2010 Mario Vargas Llosa a publié le roman *La guerre de la fin du monde*. Dans cette œuvre, l'écrivain relit la guerre de Canudos, qui avait déjà été magistralement réalisée par Euclides da Cunha dans *Os Sertões*, en 1902.

Couverture du livre La guerra del fin del mundo. Santillana Ediciones Generales.

Collection narrative. Publié en 2007.

Llosa avait d'abord été invité à écrire un scénario sur ce qui s'était passé à Canudos, mais le film n'a jamais vu le jour et il en a fait un roman. Cela l'a amené à effectuer des recherches approfondies sur le terrain au cours d'un long voyage à travers le nord-est du Brésil. Comme dans le roman d'Euclide, Llosa raconte la confrontation des jagunços avec les troupes gouvernementales. Ici encore, les termes "sertão" et "jagunço" entrent en jeu.

Dans le livre, à la première apparition du terme *yagunzo,* l'auteur donne une explication dans le texte même : "*Quelque chose de significatif : les habitants de Canudos s'appellent eux-mêmes yagunzos, un mot qui signifie 'ceux qui sont armés*"". (VARGAS LLOSA, 1981). Mais dans les autres présentations de ce mot, qui sont nombreuses, seul le terme hispanisé subsiste : *yagunzo.*

On constate que ce terme, déjà en portugais, a subi plusieurs changements sémantiques depuis ses origines jusqu'à aujourd'hui. L'approche est également différente en espagnol, comme le montrent les mots de Llosa ci-dessus. Aujourd'hui, les jagunços sont considérés comme des héros, qui prennent aux riches pour donner aux pauvres, des justiciers. Il existe aujourd'hui une route touristique dans le nord-est du Brésil qui explore la figure de Lampião et de Maria Bonita.

4. Conclusion

L'activité de traduction permet de transmettre des cultures

étrangères à des communautés dont la langue maternelle n'est pas celle de l'œuvre dans sa langue originale. Cela semble évident, mais le travail est difficile, très laborieux, et il arrive que le traducteur doive prendre des décisions importantes. Si importantes que, comme dans ce projet de recherche, nous voyons l'introduction de mots qui, dans la langue source, ont une connotation régionale et conduisent à la découverte de capacités inconnues dans la langue cible, souvent en l'enrichissant. Ces emprunts linguistiques ou ces négociations dues à l'absence d'équivalences dans les dictionnaires de la langue cible, la plupart du temps non seulement par le traducteur, mais en liaison avec la politique éditoriale de l'époque, peuvent être source d'étrangeté ou élargir l'horizon du lecteur.

L'objectif de cet article est de montrer le parcours de certains traducteurs hispanophones à partir de cette langue, à la fois proche du portugais brésilien et culturellement éloignée, à travers le prisme d'un bref exposé théorique d'experts en la matière.

5. Références bibliographiques

BERMAN, Antoine. *A Tradução e a Letra ou o Albergue do Longínquo.* 2° ed. Florianópolis : PGET/UFSC, 2013.

COUTINHO, Eduardo F. (Org.). *Guimarães Rosa*, Coleção Fortuna Crítica. 2e éd. Rio de Janeiro : Editora Civilização Brasileira, 1991.

GARCÍA YEBRA, Valentín. *Experiencias de un traductor.* Madrid : Editorial Gredos, 2006.

JAKOBSON, Roman. *Linguistique et communication.* 22e éd. São

Paulo : Editora Cultrix, 2010.

MOUNIN, Georges. Les *problèmes théoriques de la traduction*. Madrid : Editorial Gredos, 1971.

NOGUEIRA GALVÃO, Walnice. *Les formes du faux*. São Paulo : Maison d'édition Perspectiva, 1972.

PASERO, Carlos A. *Los límites de la lengua. Benjamín de Garay et la praxis de la traduction*. **Revista Graphos PPGL/UFP**, Paraíba, Vol.6, N.2 et N.1, 2004.

REGO, Tarciso Gomes do. VARGAS LLOSA REESCRIVES EUCLIDES : UNE PROPOSITION POUR LE BRÉSIL. Rio de Janeiro, 2010. Disponible à l'adresse : http://www.letras.ufrj.br/pgneolatinas/media/bancoteses/tarcisogome sdorego mestrado.pdf Consulté le : 10-07-2013.

ROSA, João Guimarães. *Grande Sertão : Veredas*. 19 ed. Rio de Janeiro : Nova Fronteira, 2001.. *Gran Sertón : Veredas*. V ed. Buenos Aires : Adriana Hidalgo editora, 2011.. *Gran Sertón : Veredas*. V ed. Barcelone : Biblioteca Breve, 1982.

VARGAS LLOSA, Mario. *La guerre au bout du monde*. Disponible à l'adresse : http://inabima.gob.do/descargas/bibliotecaFAIL/Autores%20Extranje ros/V/Var gas%20Llosa,%20Mario/Vargas%20Llosa,%20Mario%20- %20La%20guerra%20del%20fin%20del%20mundo.pdf Consulté le : 20/09/2013.

VIALE, César. *Écrits et conférences*. Buenos Aires : Edición del autor, 1942.

6. Sites consultés

Dictionnaire portugais en ligne http://www.dicio.com.br/

Dictionnaire de l'*Académie royale espagnole* http://lema.rae.es/drae/

Info-School http://www.infoescola.com/geografia/sertao/

Aurélio dictionnaire en ligne
http://www.dicionariodoaurelio.com/Artigo précédemment publié sur :

Chapitre 2
Le style original d'un auteur et deux traductions espagnoles :
João Guimarães rosa et son Grande Sertão : Veredas

Marta Susana García
martasusanag3@gmail.com

Résumé

0 e but de cet article est d'analyser comment ont été résolues certaines difficultés rencontrées par les traducteurs lors de la traduction en espagnol de l'œuvre *Grande Sertão : Veredas* de l'auteur du Minas Gerais João Guimarães Rosa (1956) en espagnol ont été résolues, en ce qui concerne le style différent de l'auteur, plus précisément l'utilisation du subjonctif et la syntaxe. Deux traductions en espagnol ont été sélectionnées : la première d'Ángel Crespo, publiée en Espagne par Seix Barral en 1967, et la seconde de Florencia Garramuño et Gonzalo Aguilar, publiée en Argentine par Adriana Hidalgo en 2009. Cet ouvrage a pour cadre théorique les travaux d'Ivana Versiani (1975) et de Mary L. Daniel (1968), guidés par la théorie des tendances déformantes d'Antoine Berman.

Mots clés : Guimarães Rosa. Traductibilité. Originalité. Ressources stylistiques

Introduction

João Guimarães Rosa, romancier, nouvelliste, romancier, médecin et diplomate, est né à Cordisburgo, Minas Gerais, le 27 juin 1908 et mort à Rio de Janeiro le 19 novembre 1967. Il se distingue dans le monde de la littérature brésilienne contemporaine par ses œuvres de fiction : *Saragana* (1946), *Corpo de Baile (*1956), *Grande Sertão : Veredas* (1956), *Primeiras Estórias (*1962) et *Tutaméia (*1967).

Premier projet de *Grande Sertão : Veredas*

Le roman *Grande Sertão : Veredas* est considéré comme l'une des œuvres les plus importantes de la littérature brésilienne. Publié en 1956 par José Olympio, il se distingue par sa taille, plus de 600 pages, et l'absence de chapitres, racontés à la première personne. L'année de sa publication, il a reçu le prix Machado de Assis de l'Institut national du livre. Dans ce roman, Guimarães Rosa a fusionné des éléments de l'expérimentalisme linguistique de la première phase du modernisme et des thèmes régionalistes de la deuxième phase du mouvement, tout en unissant le nationalisme et l'universalisme de la troisième phase[6] , date à laquelle cette œuvre a été publiée.

Un long récit labyrinthique constitué d'un long monologue-dialogue dans lequel le protagoniste, Riobaldo, un vieux paysan et ancien jagunço qui a troqué la vie de jagunçagem pour la tranquillité de la ferme, raconte ses aventures, ses passions, la mort, la souffrance, les guerres, l'amour et la haine, ses réflexions sur l'existence de Dieu et du Diable, qui sont continuellement présents, à un jeune médecin qui est arrivé sur ses terres. Le texte ne fait que suggérer l'existence de cette auditrice. Son attirance incontrôlable pour Diadorim, également jagunço, est un thème clé de ce roman. Ce personnage cache son identité féminine tout au long du récit jusqu'à l'épisode où il meurt face à Hermógenes, ce dernier meurt également et est considéré par la plupart comme un traître et même le diable en personne.

> Ce qui n'est pas Dieu est l'état du diable. Dieu existe même quand il n'y a pas de Dieu. Mais le diable n'a pas besoin d'exister pour exister. - Si nous savons qu'il n'existe pas, alors il s'empare de tout. L'enfer est une infinité que l'on ne peut même pas voir (Rosa, 2001, p. 76).

1º édition de Grande Sertão : veredas

---

[6]
[4]La première phase de ce mouvement a débuté en 1922 avec la Semaine de l'art moderne et s'est poursuivie jusqu'en 1930, proclamant l'indépendance culturelle à travers trois caractéristiques fondamentales : une rupture avec le passé, une orientation révolutionnaire et la recherche d'une expression nationale. Introduction d'un langage familier, vivant et quotidien dans l'art. Absorption des mouvements d'avant-garde européens tels que le futurisme, le cubisme, l'expressionnisme, le surréalisme et le dadaïsme. La deuxième phase de

Capa da 1ª edição de Grande sertão: veredas e avellas de outras edições desenhadas por Poty.

Ce roman, publié par José Olympio, a été élu l'un des cent livres les plus importants de tous les temps par le Cercle norvégien du livre. Sur cette liste figure l'œuvre traduite en anglais sous le titre *Tem*

Le modernisme s'étend de 1930 à 1945, avec trois tendances importantes : la prose urbaine, la prose intimiste et la prose régionaliste ; et la troisième de 1945 à 1960, représentée principalement par la prose.

De vil to Pai in the Backlands, travail réalisé par les traducteurs James L. Taylor et Harriet de Onís, et qui porte le nom de l'auteur ; publié au Canada et aux États-Unis en 1963.

Il a ensuite été traduit dans de nombreuses langues, dont le français, l'allemand, l'italien, le catalan, l'espagnol et d'autres encore.

Style de l'auteur

En tant que médecin, il a exercé sa profession pendant plusieurs années dans le sertão, s'occupant d'une vaste population rurale peuplée de ces personnages sertanejos, avec leurs coutumes et leurs croyances, qui ont nourri son œuvre en tant que protagonistes.

L'auteur de Cordisburgo aborde le terroir brésilien à travers une vision universelle que lui confèrent les éléments philosophiques des thèmes inhérents à tout être humain, partout dans le monde. Il met en avant la voix du narrateur-personnage, qui possède une certaine culture, retravaillant ainsi le discours sertanejo, qui prend une touche érudite et lyrique, transformant le mot écrit en une véritable révolution. Une révolution qui passe par le lointain sertão lui-même et l'essence humaine, sans tomber dans un régionalisme mimétique et appauvrissant. *Le sertão est partout* (Rosa, 2001, p. 24).

Dans Dialogues avec Günter Lorenz, un texte qui se trouve dans *Guimarães Rosa - Coleção Fortuna Crítica*, organisé par Afrânio Coutinho, Rosa déclare qu'il n'est pas un romancier mais un nouvelliste. Il révèle que ses romans et cycles de romans sont des histoires courtes dans lesquelles la fiction poétique et la réalité se rejoignent. Ses mots :

J'écris et je crois que c'est mon moyen de contrôle : la langue portugaise, telle que nous l'utilisons au Brésil ; cependant, au fond, lorsque j'écris, je traduis, j'extrais de nombreuses autres langues. Par conséquent, mes livres sont écrits dans ma propre langue, et vous pouvez constater que je ne me soumets pas à la tyrannie des grammaires et des dictionnaires d'autrui. La grammaire et la soi-disant science linguistique de la philologie ont été inventées par les ennemis de la poésie (Rosa, 1991, p. 70).

Avec son caractère particulier et distinctif, Guimarães Rosa réinvente des techniques linguistiques et narratives qui indiquent un changement substantiel dans la vieille tradition régionaliste, non seulement dans le vocabulaire, mais aussi dans la syntaxe et la mélodie de la phrase. Guimarães Rosa recrée la langue portugaise elle-même en utilisant des archaïsmes désuets, en inventant des néologismes et en utilisant des mots empruntés à d'autres langues. La prose de Guimarães Rosa est chargée de ressources plus communes à la poésie, telles que le rythme, l'allitération, les métaphores, les images et les figures de style, réalisant ainsi une prose hautement poétique, à la frontière entre poésie et poésie.

Selon l'étude de Mary L. Daniel dans *Travessia Literária* (1968), les principales techniques de l'auteur sont : l'inversion des phrases, les constructions scindées, l'asyndète, la parataxe, l'ellipse, la condensation, la parenthèse, les constructions absolues et une ponctuation totalement différente, qui coordonnent ces éléments pour produire une syntaxe originale :

La technique baroque traditionnelle de l'inversion des mots et des phrases constitue le procédé littéraire le plus évident utilisé par l'auteur dans la manipulation de la syntaxe. En suivant le développement des inversions dans ses œuvres, on se rend compte du rôle décisif joué par ces constructions dans la formation du "difficile" style rossinien (Daniel, 1968, p. 104).

Daniel souligne que l'écrivain du Minas Gerais laisse une grande part de responsabilité au lecteur, à qui il donne les ingrédients pour la formation ou le développement de sa propre histoire.

En d'autres termes, une œuvre hermétique, où la plus grande audace de ce style se manifeste dans la syntaxe, l'un des objets de cette œuvre, dans un jeu d'inspiration populaire d'anacoluthes, de réticences et d'omissions. Un style qui a surpris les lecteurs et les critiques.

L'auteur de *Travessia Literária* souligne que Rosa a été accusée d'être obscure, artificielle et ludique, voire confuse et illisible, et elle écrit :

Quelle que soit la réaction de chaque lecteur à l'égard de l'œuvre de Guimarães Rosa, il est probable qu'il ne s'agisse pas d'une neutralité désintéressée : l'opinion populaire à l'égard de l'auteur tend à se polariser, tout comme l'attitude des critiques. La plupart des lecteurs avouent des difficultés à la première lecture des œuvres de Rosa et les considèrent comme une sorte de défi, mais les réactions ultérieures oscillent généralement entre l'abandon de tout effort de compréhension et la volonté de comprendre l'expression de l'auteur et de saisir son secret de communication. (Daniel, 1968, p. 4)

Outre la recréation du portugais cultivé, la synthèse et la composition des mots, les perturbations morphologiques, une langue différenciée pleine de néologismes, d'extranéismes, d'archaïsmes, d'aphorismes, de pléonasmes, de toponymes exotiques, d'onomatopées, d'indianismes..., la langue de Rosa se caractérise par un usage inhabituel du verbe subjonctif, en particulier du subjonctif imparfait, L'une des caractéristiques les plus frappantes de la langue de Rosa est l'utilisation inhabituelle du verbe subjonctif, en particulier de l'imparfait du subjonctif, comme l'observe le professeur Ivana Versiani dans une étude détaillée et exhaustive qu'elle a réalisée sous le titre "Para a Sintaxe de *Grande Sertão : Veredas* valores do subjuntivo", dans la deuxième partie du livre intitulé *Guimarães Rosa : dois estudos (Guimarães Rosa : deux études),* publié en 1975, qui constitue également la base de recherche de cet article. Le professeur Ivana y déclare

Aussi novatrices que puissent nous paraître les constructions d'un écrivain, le point de départ de leur examen doit être la valeur de ces formes dans le système linguistique auquel elles appartiennent, car c'est de cette argile commune que naîtront les créations les plus inattendues. (Versiani, 1975, p. 79)

En ce qui concerne la syntaxe, selon l'analyse de Cavalcanti Proença, les explétifs et les formes interjectives sans contenu sémantique sont utilisés dans des procédés emphatiques, ainsi que des changements constants dans l'ordre des mots et la ponctuation, que Rosa utilise comme marque de son style.

En revenant à l'analyse de *Trilhas no Grande Sertão*, nous voyons une autre ressource utilisée par G. Rosa : les jeux sonores, avec l'apparition d'associations de vocabulaire inattendues, de combinaisons de sons, de constructions imprévues, de baroques explosifs, d'idées antithétiques d'où émergent des aspects ludiques qui conduisent à un jeu inventif, d'onomatopées, de pléonasmes et d'allitérations. Comme dans cet exemple d'utilisation de pléonasmes : "E Medeiros Vaz pensava era uma pensamento... "(Rosa, 2001, p. 73)

Présentation des traducteurs et de leurs propositions de traduction

Ángel Crespo

Poète, enseignant, essayiste, traducteur et critique d'art espagnol, Crespo est né à Ciudad Real, Barcelone, en 1926 et est décédé en 1995.

Il est titulaire d'une licence en droit et d'un doctorat en philosophie, avec la thèse *El moro expósito d'Ángel de Saavedra*. Il est également professeur de littérature comparée à l'université de

Porto Rico et professeur émérite à l'université Pompeu Fabra de Barcelone.

Il a traduit des œuvres portugaises, italiennes, françaises, catalanes, rhéto-romanes, galiciennes et latines. Ses traductions de la *Divine Comédie de* Dante et de la poésie de Fernando Pessoa sont des œuvres qui se distinguent dans ce domaine. Il a également traduit de nombreux auteurs classiques, tels que Catulle, Virgile, Ovide, entre autres.

Il a travaillé comme critique et dans des publications littéraires dans des revues d'art telles que *Forma Nueva*, *Artes*, *La Torre*, *Ínsula*, *Quimera* et *Anthropos*. Fondateur de revues telles que *Decaulion*, *El Pájaro de paja*, *Poesía de España* et *Revista de cultura brasileña*.

Son œuvre poétique se caractérise par son opposition au réalisme d'après-guerre, il est lié au surréalisme et est l'un des fondateurs du mouvement d'avant-garde en Espagne appelé Postismo. José Manuel Polo de Bernabé mentionne dans "El postismo como aventura del lenguaje en la poesía de postguerra en España" : "Pour Carlos Edmundo de Ory, membre fondateur, le postisme a marqué le début d'une aventure dans laquelle les limites de la réalité et du langage ont été explorées". (Bernabé, p. 581).

En 1998, le prix de traduction Ángel Crespo, parrainé par l'Association des écrivains et la Guilde des éditeurs de Catalogne, a été décerné.

C'est ce poète-traducteur primé qui a traduit pour la première fois *Grande Sertão : Veredas* dans la langue de Cervantès, œuvre publiée à Barcelone en 1967 par Seix Barral sous le titre *Gran Sertón : Veredas*. Ce volume est accompagné d'un avant-propos du traducteur lui-même et d'un glossaire en fin d'ouvrage, également réalisé par ses soins.

Grand admirateur de Guimarães Rosa, il est venu au Brésil, a visité le Minas Gerais et a eu l'occasion d'entendre la langue des sertanejos.

Selon ses propres termes dans cette préface, la langue de Riobaldo possède un vocabulaire, des expressions et même une syntaxe de l'intérieur de l'État du Minas Gerais et que le traducteur, dans sa proposition de traduction, explique qu'il a cherché des correspondances dans la langue castillane, et montre son souci de maintenir l'oralité de l'œuvre originale, ainsi que les néologismes et les archaïsmes :

> Il aurait été inutile de remplacer ces termes par les termes corrects dans notre langue. D'autre part, il existe de nombreux noms d'animaux, de plantes, d'aliments et d'objets de différentes sortes qui n'ont pas de correspondance exacte dans notre langue ou dont la synonymie serait très problématique dans l'espagnol parlé en Amérique. Au lieu de proposer une traduction toujours douteuse - et étant donné qu'ils ne sont pas si abondants qu'ils en rendent la lecture difficile - nous les avons conservés, mais nous avons proposé leur transcription phonétique ou leur orthographe, lorsque les deux ne coïncident pas. (Crespo, 1982, p. 11. Notre traduction)[7]

Guimarães Rosa lui-même a fait l'éloge de la première version de son œuvre en espagnol en la qualifiant de "magnifique traduction inégalée" : "Traduction magnifique et inégalée", dans une lettre datée du 23 février 1967 et adressée à l'ambassadeur du Brésil en

---

[7]Comment : il serait gratuit pour nous de remplacer ces termes par les termes corrects dans notre langue. D'autre part, il existe de nombreux noms d'animaux, de plantes, d'aliments et d'objets de toutes sortes qui n'ont pas de correspondance exacte dans notre langue ou dont les synonymes seraient très problématiques dans le castellano parlé en Amérique. Au lieu de proposer une traduction toujours douteuse - et étant donné que leur abondance n'est pas telle qu'elle rende la lecture difficile - nous les avons conservés, mais en proposant leur transcription phonétique ou même orthographique, lorsque les deux ne coïncident pas.

Espagne, Antonio C. Câmara Canto[6] . Cependant, Vargas Llosa, dans son article "¿Epopeya Del Sertón, Torre De Babel O Manual De Satanismo ?", publié dans la *Revista de Cultura Brasileña,* l'a vivement critiquée :

> La tentative de Crespo est superbe, mais son échec est également exceptionnel. Sa traduction s'écarte certes de toutes les formes existantes du castillan, mais à aucun moment elle ne s'impose au lecteur comme une langue vivante et nécessaire ; au contraire, elle donne à tout moment l'impression de quelque chose d'hybride, d'artificiel, de fabriqué, de parodique : on pense à l'espéranto. (Vargas Llosa, p. 101. Notre traduction)[7]

L'auteur péruvien conclut qu'il aurait peut-être été préférable de trahir en partie le texte brésilien en utilisant une langue existante plutôt que d'essayer de la réinventer.

Florencia Garramuño

Née en Argentine (Rosario, 1964), elle est professeur associé au département des sciences humaines, directrice du programme de culture brésilienne et chercheuse indépendante pour le CONICET. Elle est diplômée en littérature de l'université de Buenos Aires, où elle s'est spécialisée en théorie littéraire et en littérature latino-américaine. Elle a obtenu son doctorat en *langues et littératures* romanes *à l'université de Princeton* et a effectué son post-doctorat dans le cadre du programme avancé de culture contemporaine de l'université fédérale de Rio de Janeiro. Elle a enseigné à l'université de Buenos Aires et à l'université Temple, et est professeur invité dans plusieurs universités à l'étranger. Elle a été rédactrice adjointe du magazine

Margens/Márgenes, et fait partie du comité de rédaction de plusieurs publications universitaires. Elle est codirectrice de la collection de littérature brésilienne *Vereda Brasil, publiée* par Corregidor. Elle a notamment publié *Modernidades Primitivas : tango, samba y nación* (Buenos Aires, *Fondo de cultura económica,* traduit en portugais par l'université fédérale de Minas Gerais et en anglais par l'université de Stanford).

Gonzalo Aguilar

Argentin (Buenos Aires, 1964), il est l'un des chroniqueurs du site web *Cronopios*, titulaire d'un doctorat en littérature de l'université de Buenos Aires (UBA) et professeur à la chaire de littérature brésilienne et portugaise de cette université. Sa thèse portait sur la poésie concrète brésilienne et l'avant-garde moderniste. Il est spécialisé dans la littérature et le cinéma brésiliens et latino-américains et a publié un livre sur la production cinématographique actuelle de son pays. Il étudie l'histoire de la guérilla au Brésil et en Argentine et les configurations esthétiques de la fin des années 60 et du début des années 70 dans ces deux pays.

Il est tombé amoureux des récits de Guimarães Rosa, Machado de Assis et Clarice Lispector et de la poésie d'Oswald de Andrade et de Carlos Drummond de Andrade ; la découverte de la poésie concrète par Caetano Veloso a été une véritable révélation. Son premier travail dans ce domaine a été *Poemas*, une anthologie de la poésie d'Augusto de Campos. Quelques années plus tard, en 1999, il a publié une anthologie de poèmes, d'essais, de manifestes et de traductions de Haroldo, Augusto et Décio Pignatari, intitulée *Galaxia Concreta*.

Le livre *The avant-garde at the modernist crossroads* est donc le résultat de nombreuses années de dévouement au mouvement de la poésie concrète et à l'avant-garde en général. Il a lancé le livre *Por una ciencia del vestigio errático*

(Ensayos sobre la antropofagia de Oswald de Andrade, 2010), qui traite de l'œuvre de l'auteur moderniste, honoré lors du 9eFlip.

Sur la proposition de traduction

Comme Garramuño et Aguilar l'ont écrit dans le prologue de l'ouvrage qu'ils ont traduit : "[...] maximiser les capacités ingénieuses du castillan pour reconstruire ce monde à la fois légendaire et quotidien de Rosa, c'est ce que nous avons tenté avec cette nouvelle traduction." (2011, p. 14). La riche description de la flore et de la faune de Rosa, d'où émergent des termes brésiliens intraduisibles, les a conduits à suivre leur propre critère de traduction de tout ce qui était possible, orienté par des mots indigènes partagés par le castillan et le portugais.

La décision de ne pas inclure de notes de bas de page ou de glossaire, consciente du risque, était audacieuse, puisque c'était le conseil donné par l'auteur du roman lui-même aux traducteurs des autres langues dans lesquelles l'œuvre avait été traduite précédemment.

Garramuño et Aguilar ont choisi d'intégrer l'explication de quelques termes dans le texte, en faisant appel à l'intelligence et à l'imagination du lecteur, avec leurs propres mots.

Analyse de l'œuvre source et des traductions guidée par les théories déformantes d' Antoine Berman

Berman, critique et théoricien français de la traduction (1942-1991), dans son *analyse de la traduction*, présente d'abord la traduction ethnocentrique et hypertextuelle, où l'on retrouve les tendances déformantes librement appliquées[8] auxquelles tout

---

[8]Il s'agit de la rationalisation, de la clarification, de l'allongement, de l'ennoblissement et de la vulgarisation, de l'appauvrissement qualitatif, de l'appauvrissement quantitatif, de l'homogénéisation, de la destruction des rythmes, de la destruction des réseaux de sens sous-jacents, de la destruction des systèmes textuels, de la destruction (ou de l'exotisation) des réseaux de langues vernaculaires, de la destruction des locutions et des idiomes, de l'effacement des chevauchements de langues.

traducteur est exposé.

Ce n'est qu'en se soumettant à des " contrôles " (au sens psychanalytique) que les traducteurs peuvent espérer se libérer en partie d'une longue tradition et en partie de la structure ethnocentrique de chaque culture et de chaque langue en tant que " langue cultivée ". (Berman, 2013, p. 64)

En parlant de la prose littéraire, le théoricien affirme qu'elle capture, condense et mélange tout l'environnement polylingue d'une communauté vivant ensemble dans une seule langue, une caractéristique représentée avant tout par le roman.

Le critique français cite, entre autres grands auteurs, Guimarães Rosa, dont l'œuvre présente ce mélange de langues, avec une écriture très originale et souvent déconcertante, ce qui représente une tâche difficile pour tout traducteur. Berman définit :

Les grandes œuvres en prose se caractérisent par une certaine

Analyse de quelques particularités syntaxiques et du subjonctif dans de brefs extraits d'œuvres

Dans le contexte des inter-fonctions dans les principales catégories grammaticales, nous trouvons une caractéristique stylistique très importante dans l'œuvre de Guimarães Rosa, comme l'utilisation d'adjectifs en tant qu'adverbes ou de noms et de noms en tant qu'adjectifs. La première option, selon Daniel, a une base familière, car en omettant le suffixe traditionnel -mente, un mot qui a la fonction d'adverbe peut perdre l'adverbe dans l'usage populaire et en même temps le conserver. Mais dans la version rosienne de ce processus, l'adverbe non fléchi gagne, en même temps qu'il perd, une facette de sens, puisque lorsqu'il acquiert un aspect plus adjectival, il prend aussi une fonction correspondante.

En suivant la théorie des tendances déformantes de Berman, certains de ces cas sont analysés ci-dessous dans de brefs extraits de l'original et des traductions espagnoles de Grande Sertão : Veredas, en se concentrant sur la syntaxe et le subjonctif.

Syntaxe

Premier exemple :

Dans l'extrait précédent, l'auteur du texte source souligne le caractère authentique de Diadorim en tant que vrai nom de Reinaldo, ainsi que l'objectivité d'un double nom. Dans cet exemple, la double fonction de l'adjectif adverbial est visible. L'adverbe *loin* est utilisé dans le texte source comme adjectif. L'adjectif "*secret*" *est* également utilisé comme nom.

Crespo ne reproduit pas le jeu stylistique de Rosa, et utilise un adjectif d'origine latine déjà tombé en désuétude, mais aussi utilisé adverbialement *lueñe,* qui signifie comme adjectif, selon le dictionnaire usuel de la RAE : 1.adj. ant. Lointain, éloigné. 2.adv. l. ant. *lejos* (Ha gran distancia). C'était u. t. c. adv. t..

Les traducteurs argentins n'ont pas non plus reflété ce jeu stylistique du texte source et n'ont pas utilisé un adjectif à la place correcte d'un adjectif.

On constate donc que tant le traducteur espagnol que

Garramuño et Aguilar relèvent de la théorie des tendances déformantes de Berman, en l'occurrence la rationalisation.

Deuxième exemple :

Rose	Crespo	Garramuño et Aguilar
C'était un type qui parlait vite, sombre, brûlé, mais avec des boucles de cheveux et un courage terrifiant (Rosa, 2001, p. 181).	Un sujet développé, sombre et bien construit, mais avec une belle coloration et une valeur terrible. (Crespo, 1982, p. 128)	Un sujet assidu, sombre, soigné mais avec des cheveux clairsemés et un cœur terrible. (Garramuño ; Aguilar, 2011, p. 163)

Les adverbes sont utilisés à la place des adjectifs. Dans ce passage, l'auteur original transforme l'adjectif terrible en adverbe.

Dans cet exemple, tant Crespo que les traducteurs argentins ont pu traduire sans problème cette particularité de la prose de Guimarães Rosa.

Troisième exemple :

Rose	Crespo	Garramuño et Aguilar
[...] Je me suis réveillé quand Diadorim, dans un léger remue-ménage, s'est levé, est parti sans un bruit, emportant son homme de main, il allait prendre son bain dans un puits de ruisseau, à partir des barreaux, à l'aube". (Rosa, 2001, p. 213)	[Je me suis réveillé quand Daidorín s'est levé, est parti sans un bruit, avec son sac, et est allé prendre son bain dans la piscine du ruisseau, à l'aube. (Crespo, 1982, p. 151)	[...] Je me suis réveillée quand Diadorim, se déplaçant doucement, s'est levée, est partie sans un bruit, portant son sac à main, et est allée prendre son bain dans le puits de l'arroyo, quand le soleil s'est levé. (Garramuño ; Aguilar, 2011, p.191)

Bien que peu fréquente, la substantivation des verbes conjugués peut être observée. Dans ce cas, le verbe conjugué mexer, précédé de la contraction de la préposition em et de l'article masculin *o* : no, subit une substantivisation, complétée par l'adjectif *leve*.

À la fin du même exemple, on trouve une locution adverbiale de temps dans les *bars à* l'aube, énonçant l'aube, mais présentée sur un ton poétique, typique du style de l'auteur. Le traducteur espagnol prend le risque de rendre l'expression de manière quelque peu poétique, sans pour autant s'éloigner du style de Rosiano. Garramuño et Aguilar, quant à eux, choisissent de clarifier le texte, entrant ainsi dans la tendance que Berman appelle : *Clarification*. Selon cet auteur :

> C'est un corollaire de la rationalisation, mais il concerne surtout le niveau de "clarté" sensible des mots ou de leurs significations. Là où l'original bascule sans heurt (et avec une nécessité propre) dans l'indéfini, la clarification tend à imposer quelque chose de défini. [L'explication peut être la manifestation de quelque chose qui n'est pas apparent, mais caché ou refoulé dans l'original (Berman, 2013, p. 70/71).

Le subjonctif

Étymologiquement, le subjonctif suggère la subordination, mais dans de nombreuses langues, il est également utilisé dans les clauses principales. En portugais, cette dernière modalité est plus restreinte que son utilisation dans les clauses subordonnées.

Au Brésil, l'utilisation du subjonctif à l'impératif est plus formelle et plus fréquente dans la langue cultivée. Deuxièmement, l'utilisation du subjonctif se produit dans les clauses dubitatives conditionnées par le mot *talvez, quiçá, ce* dernier étant moins courant.

Versiani explique que dans certains cas de clauses subordonnées, le subjonctif est conditionné à certains verbes, comme le *doute, l'espoir, la crainte ;* à certaines constructions impersonnelles, comme *il est bon que* ; à des constructions comme bien *que, avant, jusqu'à*, et à d'autres caractéristiques syntaxiques.

Le subjonctif marque un contexte qui ne correspond pas à un fait objectif, contrairement à l'emploi de l'indicatif qui ne marque pas la subjectivité exprimée par le subjonctif. Il en résulte l'existence de variantes libres auxquelles peuvent correspondre des nuances stylistiques explorées par la langue littéraire.

> Dans un récit comme Grande Sertão : Veredas, dans lequel le narrateur se place de manière si vivante entre le lecteur et les faits racontés, on s'attendrait à une fréquence élevée de subjonctifs. Mais ce qui se passe en réalité va bien au-delà de ce qui est possible dans le système linguistique portugais. [...] La plupart des emplois du subjonctif par l'auteur sont communs à la langue portugaise, tandis que d'autres sont entièrement nouveaux. [...] Le système des modes verbaux dans Grande Sertão : Veredas n'est pas celui de la langue portugaise, même si les deux se recoupent en partie. (Versiani, 1975, p. 83 - 84)

Le subjonctif dans les subordonnées nominales

Quatrième exemple :

Rose	Crespo	Garramuño et Aguilar
Qu'est-ce que je pourrais bien trouver drôle ? Le matin, en me réveillant, j'ai toujours colère. L'un d'eux m'a dit que j'avais l'air vert, que j'avais un mauvais visage - et que cela devait être une maladie du foie. C'était peut-être le cas (Rosa, 2001, p. 252).	Qu'est-ce qui me permettait de trouver la grâce ? Le matin, quand je me réveillais, il y avait toujours de la colère. Quelqu'un m'a dit que j'étais verte, malacarade et qu'il devait s'agir d'une maladie du foie. *Puede que sea, haya sido.* (Crespo, 1982, p. 180)	Le matin, quand je me réveillais, j'étais toujours en colère. Uno me dijo que estaba estando verde, con malacarade et qu'il s'agissait du foie. C'était peut-être le cas, *c'était peut-être le cas* . (Garramuño ; Aguilar, 2011, p. 226)

Dans cet exemple, dans le texte source, l'auteur utilise le verbe *poder* comme substitut de *poderer*. Ce type de construction est courant en espagnol, mais pas en portugais.

Dans le texte source, l'expression *May it be*, et dans la traduction de Crespo *Puede que sea,* sont toutes deux au subjonctif présent, utilisé plus fréquemment que l'imparfait prétérit, également au même temps, utilisé par Garramuño et Aguilar ; comme on peut le lire dans Puede que fuere : *Puede que fuere*, beaucoup moins fréquent, même en castillan.

Quant à Crespo, il s'efforce de maintenir le style de l'œuvre originale. Dans ce cas, l'option des traducteurs latino-américains semble donc plus académique, plus formelle.

Cinquième exemple

Rose	Crespo	Garramuño et Aguilar
Ce que je *devais* vouloir, *c'était que nous sortions* tous les deux vivants, de tous les combats, quand la guerre serait *finie, nous* *la* quitterions tous les deux. *jagunçada, nous étions* bien que, pour les hauts généraux ainsi nommés, *vivant* dans de grandes (Rosa, 2001, p. 224)	Ce que je voulais, *c'était* que nous sortions tous les deux de l'hôpital. *sortir* sobrados con vida, de todos ceux combats, *si la* guerre se *terminait,* nous *quitterions* tous les deux les nous *allions vivre* dans une grande persistance pour les hauts généraux ainsi nommés. (Crespo, 1982 p. 160)	Ce que je voulais, *c'était* que nous sortions tous les deux de l'hôpital. *sortir* La guerre était *finie* et nous allions tous les deux *la* *laisser* der rière nous. yagunzada, *yéndonos* para las altas Mesetas tan renombradas, a *vivir* en gran persistencia. (Garramuño ; Aguilar, 2011, p. 201)

La construction du texte ci-dessus est caractérisée par un verbe principal dont les clauses subordonnées diffèrent dans l'humeur du verbe, passant de l'indicatif au subjonctif ou vice versa. Tous les temps de ce texte source sont traduits en espagnol par les traducteurs espagnol et argentin, à l'exception du verbe *largar* conjugué au prétérit imparfait de l'indicatif par Rosa et son traducteur manchois. Cependant, Garramuño et Aguilar transforment ce temps en subjonctif imparfait en espagnol. Une fois encore, comme dans les exemples précédents, ils rationalisent l'imperfection de la prose, qui est une condition de possibilité. Comme le souligne Berman : " La rationalisation détruit tout cela au nom d'une prétendue impossibilité. " (Berman, 2013, p. 68)

Considérations finales

Du point de vue des différentes solutions trouvées par les traducteurs dans les passages présentés et leurs traductions respectives, on se rend compte que, grâce à l'imagination infiniment fertile de Guimarães Rosa, les exemples présentés sont également très riches. On peut constater la nette différence dans la manifestation culturelle de chaque traduction, l'effort inlassable du traducteur espagnol pour recréer la langue espagnole, à travers le désir d'obtenir l'effet sonore, rythmique et créatif du grand roman. Ángel Crespo, un poète remarquable qui a reçu plusieurs prix et qui, en plus de créer ses propres œuvres, s'est efforcé de diffuser la culture brésilienne dans les pays espagnols en valorisant la langue. Il a traduit le chef-d'œuvre du grand génie brésilien João Guimarães Rosa, *Grande Sertão : Vereda,* dans la langue pratiquement intraduisible de l'écrivain de Cordisburgo, l'a placé dans une position de traducteur très en vue ; cependant, malgré son travail acharné et l'approbation chaleureuse de Rosa lui-même, les critiques sévères n'ont pas manqué, comme celles de Mario Vargas Llosa qui l'a considéré comme un audacieux et un raté.La traduction argentine montre la lutte à laquelle Garramuño et Aguilar ont dû faire face en essayant de se rapprocher de la narration de Rosa sans provoquer trop d'étrangeté chez les lecteurs hispanophones. Avec une approche beaucoup plus académique que poétique, ces traducteurs de Rio de Janeiro ont traduit ce merveilleux roman, avec une proposition de traduction non moins audacieuse que la première, mais sans l'utilisation de notes de bas de page ou de glossaires, comme l'avait fait Crespo en 1967.Avec cette brève analyse faite pour cet article, nous avons réalisé le long chemin qui peut être parcouru dans la recherche de connaissances dans le domaine de la traduction, ainsi que la possibilité d'infinies options de recherche déjà réalisées et à réaliser grâce à ce génial écrivain qu'est João Guimarães Rosa, et aux non moins talentueux écrivains/traducteurs qui ont eu le courage de le traduire.

Références

Antoine, B. (2013). A Tradução e a Letra o Albergue do Longínquo. 2. ed. Tubarão, SC : PGET/UFSC.

Mary Lou, D. (1968). João Guimarães Rosa : Traversée littéraire. Rio de Janeiro : Libraria José Olympio Editora.

João, G. (2001). Grande Sertão : Veredas. 19. ed. Rio de Janeiro : Nova Fronteira.

------------------------------------. (1982). Gran Sertón : Veredas. Traduit par Ángel Crespo. Barcelone : Ed. Seix Barral.

------------------------------------. (2011). Gran Sertón : Veredas. Traduit par Florencia Garramuño et Gonzalo de Aguilar. Buenos Aires : Ed. Adriana Hidalgo, 2011

Nelly, C., Ivana, V. (1975). Guimarães Rosa (deux études). São Paulo : Edições Quíron.

Günter, L. (1991). Dialogues avec Guimarães Rosa. In : COUTINHO, Afrânio (Org.). Guimarães Rosa. Coleção Fortuna Crítica (de la Faculté des Lettres de l'Université Fédérale de Rio de Janeiro). 2 ed. Rio de Janeiro : Editora Civilização Brasileira S.A.

Antonio, M. (2007). Réception en Espagne de Grán Sertón : Veredas. Revista de Cultura Brasileira, El mundo mágico de Guimarães Rosa, N⁰ 5, p.108 - 125.

Cavalcanti, P. (1958). Les sentiers du Grand Sertão. Rio de Janeiro : Service national de presse.

Mario, V. (2007). ¿Epopeya del sertón, torre de Babel o manual de satanismo ? Revista de Cultura Brasileira, El mundo mágico de Guimarães Rosa, No 5, p.100- 107.

Article précédemment publié dans :
Mutatis Mutandis. Vol. 7, No. 2. 2014. pp. 238 -252

1. Sites consultés

BIOGRAPHIES ET VIES. Ángel Crespo. Disponible à l'adresse : http://www.biografiasyvidas.eom/biografia/c/crespo_angel.htm. Consulté le : août 2014.

Kenny, C. (2013). La mystique d'Ángel Crespo. El País, Madrid, édition imprimée, 04 juin 2005. Disponible à l'adresse : http://elpais.eom/tag/angel_erespo/a/. Consulté le : 15 avril 2014.

José Manuel P. (2013). El Postismo como aventura del lenguaje en la poesía. Centre virtuel Cervantes. Disponible à l'adresse : http://cvc.cervantes.es/literatura/aih/pdf/06/aih_06_1_148.pdf. Consulté le : 21 mai 2014.

Club de lecture norvégien. Bibliothèque de la littérature mondiale. Disponible à l'adresse : http://www.umacoisaeoutra.com.br/literatura/biblos.htm. Consulté le : 17 mai 2014.

Greice, C. Leçon de littérature (Modernisme I, II, III). Disponible à l'adresse : http://www.youtube.com/watch?v=6Rcv6g-LE0s . Consulté le : 18 mai 2014.

DICCIONARIO DE LA REAL ACADEMIA ESPAÑOLA. Disponible à l'adresse : http://lema.rae.es/drae/. Consulté le : 29 mai 2013.

DICTIONNAIRE EN LIGNE DU PORTUGAIS. Disponible à l'adresse : http://www.dicio.com.br/vexar/Acesso le : 29 mai 2014.

Instituto Cervantes. Bibliothèques et documents. Disponible à l'adresse : http://www.cervantes.es/bibliotecas_documentacion_espanol/biografias/brasil ia_angel_crespo.htm . Consulté le : 21 mai 2013.

Miguel, M. El agitador ibérico. El País, Madrid, édition imprimée du 9 février 2007. Disponible à l'adresse : http://elpais.com/tag/angel_crespo/a/. Consulté le 10 avril 2014.

Portail Flip. Festival littéraire international de Paraty. Disponible à l'adresse : http://www.flip.org.br/edicoes_anteriores.php?programacao=autores&nome= Gonzalo%20Aguilar&ano=2011 .Acessoem : 15Nov2013.

Université de San Andrés. Disponible à l'adresse : http://www.udesa.edu.ar/Sobre- San-Andres/cuerpo-docente/Detalle-de-profesor?pid=48330 . Consulté le : 22 octobre 2013.

Chapitre 3
Traduction commentée de la nouvelle *El Ángel*

Auteur : Daniel Mayer

Traducteur : Marta Susana García

1. Détails de l'auteur

Daniel Mayer est né à La Plata en 1950, dans la province de Buenos Aires. En 1977, il a dû quitter l'Argentine et s'est installé au Brésil. Plus tard, il est contraint d'émigrer à nouveau, cette fois à Paris, où il étudie et obtient une licence en sciences économiques. Il s'est ensuite installé à Genève, en Suisse, où il a passé deux ans à l'Institut universitaire d'études du développement (IUED). Depuis, elle travaille dans le domaine de la santé publique à la Fondation de Nant, dans le canton de Vaud, où elle est devenue directrice générale.

Mayer est l'auteur de plusieurs nouvelles, dont Muebles para armar, avec laquelle il a participé au Prix Platero : *Muebles para armar,* avec laquelle il a participé au prix Platero[9] . Cette nouvelle a été écrite en l'honneur de Julio Cortázar, notamment en relation avec le roman de Cortázar *62 modèles à construire. El ángel,* l'une de ses dernières nouvelles et le sujet de cet ouvrage, n'a pas encore été publié. Il a également écrit un roman intitulé *De todos estos años*[10] , qui lui a valu le prix Platero susmentionné.

---

[9] Prix créé à Genève par la section espagnole des Nations unies pour récompenser la meilleure nouvelle en espagnol écrite par un romancier.
[10] Roman publié en Suisse, traduit en français par l'écrivaine suisse Sylviane Rocha, publié par Bernard Campiche en 2002 sous le titre *Puerto Final.* Le roman a connu un grand succès et a reçu d'excellentes critiques et commentaires dans les principaux journaux suisses et français, dont Le Monde à Paris.

Couverture du roman De todos estos años, en français sous le titre Puerto Final, publié
en 2002
par Bernard Campiche.

Il a également écrit des poèmes, comme celui publié à Buenos
Aires par la maison d'édition Tsé-Tsé en 2005 sous le titre *Caracola*,
avec une préface de l'écrivain péruvien Américo Ferrari[11].

La plupart des œuvres de Maye, ce poète de Rio de Janeiro
exilé en Europe, n'ont pas été publiées dans les pays hispanophones
ou lusophones.

Mayer est un écrivain au style percutant, avec des relents de
cruauté dans certaines de ses nouvelles, et un romantisme
nostalgique d'un passé quitté à la hâte. Sa poésie est marquée par
les ombres et la présence de l'exil. Dans la nouvelle *El Ángel*, Mayer
montre ses talents de nouvelliste, l'évolution de l'intrigue jusqu'à une

---

[11] Poète, traducteur, essayiste, professeur à l'université de Genève, à la Sorbonne à
Paris et à l'université de San Marcos à Lima. Auteur de poèmes tels que : *Tierra
desterrada* (1980), *Casa de naides* (2000), *Visitas del otro lado* (2005). Il a traduit des
auteurs tels que Trakl et Novalis.

fin surprenante et cruelle.

Le récit de Mayer est rapide et impétueux. Le contenu est plein de révolte et d'impuissance révélées entre les lignes du texte.

2. À propos de la traduction

En ce qui concerne la traduction, l'expression "mala light" en portugais a posé quelques problèmes.

Dans l'encyclopédie en ligne *Portal Informativo de Salta*, dans la section *Mitos y Leyendas*, vous trouverez un commentaire très intéressant et éclairant sur ce sujet, ainsi que dans le *Diccionario de Mitos y Leyendas,* dans la section *Ailen Mulelo.* Ces deux sources nous donnent l'idée de la fatigue due au feu, en espagnol *fuego fatuo.* Ce phénomène a une explication scientifique et des noms populaires tels que *luz mala* (espagnol) ou fogo tolo, fogo corredor ou fogo-fátuo (portugais). C'est cette dernière expression qui a été choisie pour cette traduction.

La ponctuation a été respectée, en suivant le rythme du texte source, ainsi que les ressources graphiques et stylistiques utilisées par l'auteur, telles que les majuscules après deux points, l'italique, les tirets, le titre en minuscules - un des traits caractéristiques de l'auteur dans cette œuvre et dans d'autres - favorisant le style et les choix de l'auteur.

3. Présentation de l'original et de la traduction

Daniel Mayer   Traduction

l'ange	l'ange
A son âge, il lui est difficile de savoir s'il l'a vraiment vécu, il préfère penser qu'il s'en souvient, regrettant que son biographe ne soit pas là pour prendre des notes...	A son âge, il lui semblait insignifiant de savoir s'il avait vraiment vécu, il préférait penser qu'il se souvenait. qu'il se souvenait, regrettant que son biographe ne soit pas là pour l'enregistrer... "Il
"J'ai attrapé le paquet qui m'était tombé des mains. Son visage était sculpté, recouvert d'un maquillage épais et blanc qui contenait quelques éclats de couleurs vives : violet, turquoise ou vert. Nous sommes restés un moment, tous les deux sur nos chaises, à tenir la paquette, jusqu'à ce que je sente mon visage déformé par une douleur : mon bras droit me faisait mal dans cette position. Luego sentí una mezcla de rabia y vergüenza, después, -era lo mismo-, ganas de ser mala, una necesidad irrefrenable de ser	*me tendit le paquet qui m'était tombé des mains. Son visage semblait couvert de talc, recouvert d'un lourd maquillage blanc qui contenait quelques paillettes scintillantes : rouge, turquoise ou vert. Nous sommes restés un moment à genoux avec le paquet dans les mains, jusqu'à ce que je sente mon visage se déformer en une grimace de douleur : ma cuisse droite me faisait mal comme ça. Immédiatement, j'ai ressenti un mélange de colère et de honte, puis - c'était la même chose - un désir d'être méchant, un désir de ne pas être gentil.*

mauvais. Elle a l'air d'un ange utilitaire, me suis-je dit en éclatant d'un de ces fous rires hystériques qui m'arrivent parfois. Mais ce n'est qu'après avoir récupéré le paquet de serviettes que j'ai écouté une voix qui me demandait : "Puis-je vous aider, madame ? "Puis-je vous aider, madame ?". C'était un employé de supermarché, vêtu de la typique serviette verte et dont la carte d'identité dépassait du cou. No gracias, ai-je répondu, encore plus agacée. J'avais envie de crier pour qu'ils me laissent tranquille. Je me suis levé et j'ai jeté le paquet dans la voiture. L'ange n'était plus là et l'employé, après avoir tourné le dos, continuait à empiler des boîtes de conserve sur les étagères. Je me suis sentie mieux. J'ai acheté des céréales, des pâtes, des légumes et des fruits. J'ai eu envie de laisser le chariot n'importe où, je ne me sentais pas bien. Entre les maux d'estomac et les douleurs musculaires qui ont commencé lorsque je me suis accroupie pour ramasser le paquet de serviettes, il m'a semblé que j'étais déjà mal en point.

besoin irrésistible d'être méchant. Tu as un visage d'ange de scène, pensais-je lui dire en riant d'un de ces rires hystériques qui m'échappent de temps en temps. Mais tout ce que j'ai pu faire, c'est ramasser le paquet de mouchoirs, tandis qu'une voix demandait : "Puis-je vous aider, madame ? C'était un employé du supermarché, vêtu de l'uniforme vert typique et portant sa carte d'identité autour du cou. Non, merci", ai-je répondu, encore plus agacée. J'avais envie de leur crier de me laisser tranquille. Je me suis levée et j'ai jeté le paquet dans le chariot. L'ange n'était plus là et l'employé, après avoir haussé les épaules, a continué à remplir les rayons de boîtes de conserve. Seule, je me sens mieux. J'ai acheté des céréales, des pâtes, des légumes et des fruits. J'ai eu envie d'abandonner le chariot n'importe où, je ne me sentais pas bien. Avec le mal de ventre et cette douleur à la cuisse qui revenait quand je me penchais, je me sentais mal.

que c'était assez, que c'était déjà trop, que toute la malchance du monde m'était tombée dessus. J'étais de très mauvaise humeur. J'ai entendu la voix d'un vendeur professionnel qui invitait les clients à s'approcher du meuble électrique et j'ai imaginé l'ange qui faisait fonctionner les aspirateurs, lavarropas, licuadoras. Pendant que je faisais la colle devant la caisse, je l'ai vu au bout d'une allée, dans le pabellón de pájaros y peces, assis sur des neumes démontés, regardant une pecea avec des peces colorées. Il avait la même posture qu'une célèbre sculpture de Rodin, mais avec des ailes. Pourquoi y a-t-il dix caisses enregistreuses et seulement deux employés qui travaillent ? J'ai attendu mon tour en m'appuyant sur ma jambe saine, qui ne me faisait pas mal. Pendant que l'employé passait les étiquettes dans le lecteur électronique et déposait la marchandise sur la surface en acier inoxydable, je les distribuais à différents endroits.

En prenant le paquet de serviettes, j'ai eu le sentiment que c'était assez, que c'était trop, que tout le malheur du monde s'était abattu sur moi. J'étais d'une humeur massacrante. J'ai entendu la voix d'un vendeur professionnel qui invitait les clients à s'approcher du rayon électroménager, et j'ai imaginé l'ange qui faisait de l'économie. travailler aspirateurs, machines à laver, mixeurs. Alors que je faisais la queue à la caisse, je l'ai vu au bout de l'allée, dans le rayon oiseaux et poissons, assis sur des pneus ratatinés, regardant un aquarium avec des poissons colorés. Il était dans la même position qu'une célèbre sculpture de Rodin, mais avec des ailes. Pourquoi y a-t-il dix caisses et seulement deux employés ? J'ai attendu mon tour en m'appuyant sur ma jambe saine, celle qui ne me faisait pas mal. Pendant que l'employé passait les étiquettes dans le lecteur électronique et plaçait les achats sur la surface de la caisse, j'ai vu que je n'avais pas besoin d'attendre mon tour.

des sacs en plastique... L'ange avait disparu, il n'était plus devant la pierre, au fond du passage. Pendant que je payais ou que j'attendais le retour, je me suis rendu compte que je le cherchais pendant que j'attendais le retour. J'ai senti la lumière jaune compacte du supermarché se lever comme s'il pleuvait. J'ai transféré les sacs du chariot dans le coffre de la voiture et je suis sortie du parking dans la rue, dans la lumière du jour qui, bien que grise, était une lumière naturelle. J'ai dû me répéter plusieurs fois que la lumière grise du jour était une lumière naturelle. Je l'ai répété en chantant, en répétant différentes mélodies, en chantant, en faisant un effort incroyable pour chanter, pour laisser derrière moi, dans le parking, n'importe où, la mauvaise humeur qui me murmurait maintenant : Llorá, llorá, ponete a llorar pobre desgraciada, te duele la panza, te duele la pierna, tu carrera de bailarina está terminada, etcétera, etcétera. Je disais toutes ces choses et je pleurais.

Je les distribuais dans différents sacs en plastique... L'ange avait disparu, il n'était plus devant l'aquarium au bout du couloir. Pendant que je payais ou que j'attendais ma monnaie, je le cherchais, je me suis rendu compte que je le cherchais pendant que j'attendais ma monnaie. J'ai senti la lumière jaune compacte du supermarché se lever comme s'il pleuvait. J'ai sorti les sacs du chariot, je les ai mis dans le coffre de la voiture et j'ai quitté le parking en direction de la rue, dans la lumière du jour qui, bien que grise, était une lumière naturelle. J'ai dû répéter plusieurs fois que la lumière grise du jour était une lumière naturelle. Je l'ai répété en chantant, en répétant différentes mélodies, en souriant, en faisant un effort incroyable pour sourire, pour laisser derrière moi, dans le parking, n'importe où, la mauvaise humeur qui me chuchotait maintenant : Pleure, pleure, pleure, misérable, tu as mal au ventre, tu as mal à la jambe, ta carrière de danseuse est finie, etc. J'ai laissé endormi. Un grand sourire s'étire sur mon visage. La prise de vue avait été extraordinaire, malgré le fait que j'étais monté sur l'échelle, et grâce à cela - j'en suis sûr - j'avais eu l'impression que la flamme descendait du ciel. La caméra infrarouge frontale avait enregistré la terrible chute, l'autre, celle qui avait été installée sur le toit, aussi. Un montage nous permettrait de jouer avec les deux plans : "Une vraie mauvaise lumière", s'était exclamé notre chorégraphe en faisant allusion à la scène. L'idée était simple, la réalisation complexe : nos corps étaient peints avec des peintures phosphorescents, mais, au début et sans la précalorisation, les corps étaient froids et les caméras infrarouges ne faisaient que capter et déformer davantage nos silhouettes. Avec la musique, la danse a commencé et les corps se sont progressivement mis à briller, le changement dû à l'augmentation de la couleur des corps étant visible sur l'écran géant.

Mon visage était rouge, j'ai séché mes larmes et je me suis regardée dans le rétroviseur, j'étais laide mais je souriais. Un immense sourire me tiraillait le visage. L'image avait été extraordinaire, bien que j'aie descendu l'escalier en tournant et peut-être à cause de cela - je vais l'expliquer - on aurait dit qu'une flamme descendait du ciel. La caméra infrarouge frontale avait enregistré la terrible chute ; l'autre, celle installée au plafond, l'avait également enregistrée. Un montage nous permettrait de jouer avec les deux plans. Un vrai Fire-Fire !" s'exclame notre chorégraphe en évoquant la scène. L'idée était simple, la réalisation complexe : nos corps ont été peints avec des peintures phosphorescentes, mais au début et sans chauffage préalable, les corps étaient froids et les caméras infrarouges n'ont fait que les capturer. déformait nos silhouettes. Avec la musique, la danse commence et nos corps s'illuminent peu à peu,

capturés par des caméras infrarouges. Comme de mauvaises lumières, comme des flammes dansant dans un champ sacré. Les couleurs des corps brûlants ressemblaient à des bouchées de feu frappant l'écran. Poco a poco, sin ningún ruido... C'était l'aube, et la lumière du jour éclairait une plage où plusieurs corps humains étaient enterrés au milieu. On voyait des bras, des têtes, des jambes, émergeant de l'eau, comme si la rivière les avait transportés là et que l'eau les avait recouverts.
La matinée était encore grise, mais un beau gris maintenant et pour moi. En le manipulant, j'essayais de me concentrer sur la circulation mais je ne pouvais m'empêcher d'imaginer la scène. C'était la deuxième ou troisième, après le jeu, où des êtres difformes faisaient disparaître ma bien-aimée, mes amis, les gens que j'avais aimés et qui, un à un, disparaissaient dans ces êtres difformes jusqu'à ce qu'ils se retrouvent dans la même situation que moi.

On pouvait voir les changements sur l'écran géant grâce aux caméras infrarouges. Comme des feux d'artifice, comme des flammes dansant dans un champ sacré. Les couleurs des corps chauds ressemblaient à des bouffées de feu frappant l'écran. Petit à petit, sans bruit... C'était l'aube, et la lumière du jour éclairait une plage où plusieurs corps humains étaient à moitié enterrés. On pouvait voir des bras, des têtes, des jambes, émerger du sable, comme si la rivière les avait transportés là et que le sable les avait à moitié recouverts.
La matinée était encore grise, mais maintenant, pour moi, un très beau gris. En conduisant, j'essayais de me concentrer sur la circulation sans pouvoir sortir cette scène de mon imagination. C'était la deuxième ou troisième après le jeu où des êtres difformes ont fait disparaître ma bien-aimée, mes amis, les gens que j'avais aimés et, un par un, ils ont disparu à l'intérieur de ces êtres difformes

bruit de l'écran qui s'éteint, les pas des danseurs qui défilent sur les planches de la scène :   pas, roces,

Les instruments de musique sont devenus des cris, des rugissements, et ont même imité à la perfection la déglutition d'êtres difformes phagocytant mes compagnons. Une violente lumière apparut au fond de la scène. L'écran avait disparu et mon ombre restait comme imprimée sur le fond blanc. Le deuxième mouvement a commencé ainsi, c'était une lutte entre l'ombre noire et moi, jusqu'à ce que l'ombre devienne immédiatement immobile et que je donne l'impression de naître de l'ombre, de m'en extraire, de me déployer. Presque sans m'en rendre compte, je me suis retrouvée à monter l'ascenseur de l'immeuble où j'habitais. J'ai laissé mes sacs à l'entrée du département et j'ai couru jusqu'à la salle de bains. Assise dans la salle de bain inodore

Le bruit du rideau qui se baisse, les pas des danseurs qui marchent sur les planches du plateau : des pas, des effleurements, des respirations, l'orchestre qui répète des notes isolées et puis, dans les scènes les plus fortes, les instruments de musique se transforment en cris, en rugissements et imitent même parfaitement la déglutition des êtres difformes qui engloutissent mes collègues. Une lumière violente s'est allumée à l'arrière du plateau. L'écran avait disparu et mon ombre restait comme gravée sur le fond blanc. Le deuxième mouvement a commencé ainsi, c'était une lutte entre l'ombre noire et moi, jusqu'à ce que soudain l'ombre s'immobilise et me donne l'impression de naître de l'ombre, de m'en extraire, de se déployer. Presque sans m'en rendre compte, je montais dans l'ascenseur de l'immeuble où j'habitais. J'ai laissé les sacs à l'entrée de l'appartement et j'ai couru jusqu'à la salle de bains. Assise sur les toilettes, j'ai regardé ma cuisse.

Je voyais le muscle, l'hématome était grand et long, le kinésithérapeute me donnait des compresses et pendant que les compresses agissaient il me demandait de faire des massages sur la nuque et le dos, puis j'allais au théâtre pour voir la scène dont le chorégraphe venait de me parler. J'ai décidé d'y aller en titubant, même si je n'avais pas mal, j'y allais en titubant, je me laissais ouvrir, secouer et je demandais, après avoir vu la prise, que l'on fixe une date pour l'acte trois, pour la scène du solo avec l'ombre, je ressentais le besoin impérieux de danser cette scène le plus tôt possible.

Quinze jours plus tard, l' hémato me avait disparu J'ai pu suivre la progression du ballet confortablement installée dans un coin de la pièce et, lorsque l'orchestre a répété pour la première fois le thème du ballet, j'ai pu me concentrer encore plus sur le thème. J'ai pu suivre la progression du ballet confortablement installé dans un coin de la salle et, lorsque l'orchestre a répété pour la première fois le thème de l'opéra, j'ai pu me concentrer encore plus sur le thème.

Je me rendais ensuite au théâtre pour assister à la scène dont le chorégraphe venait de me parler. J'ai décidé que j'entrerais en boitant, même si je n'avais pas mal, j'entrerais en boitant, je me laisserais embrasser et étreindre et je demanderais, après avoir regardé le décor, que nous fixions une date pour le troisième acte, pour la scène du solo avec l'ombre, j'ai ressenti le besoin impératif de danser cette scène le plus tôt possible.

Quinze jours plus tard, l' hémato me s'est résorbé. J'ai été complètement guéri et j'ai pu me concentrer encore plus sur le sujet. confortablement installé sur une chaise dans la salle, le mouvement du ballet et, lorsque l'orchestre a répété le thème de l'ombre, de l'exil, pour la première fois, le mouvement du ballet.

d'ombre, d'exil - comme l'appellera plus tard le chorégraphe. Yo cerré los ojos e intenté imaginar cómo lo bailaría. Jamais auparavant mon corps n'avait semblé si terreux, si fait pour les choses d'ici-bas ; comme une alimaña. Cette nuit-là, je m'en suis souvenue bien des années plus tard, j'ai rêvé de l'ange. Je me suis rendu compte que lorsque j'ai commencé la danse, l'ange était avec moi sur la scène, et j'ai d'abord pensé qu'il s'agissait d'une plaisanterie très lourde de la part de mes collègues du ballet ou, peut-être, d'une autre lubie du chorégraphe. Mais j'avais tellement envie de danser que je me suis dit que j'allais le faire comme si cela n'existait pas, comme si je n'avais pas vu que l'ange était là. La musique a commencé et je suis montée sur scène. Un à un, les mouvements étaient fluides et en même temps, je crois, ils   traduisaient une   douloureux expérience de l'exil. Un souvenir rapide de la lutte contre les êtres difformes et monstrueux qui phagocytaient les gens que j'aimais. La plage couverte

comme l'a baptisé plus tard le chorégraphe -. J'ai fermé les yeux et j'ai essayé d'imaginer comment je la danserais. Jamais auparavant mon corps n'avait semblé aussi terreux, aussi fait pour les choses d'ici-bas, presque comme un animal venimeux. Cette nuit-là, je m'en souviendrai bien des années plus tard, j'ai rêvé de l'ange. J'ai rêvé qu'au moment de commencer la danse, l'ange était avec moi sur scène ; au début, j'ai pensé qu'il s'agissait d'une mauvaise blague de mes camarades de ballet ou peut-être d'une folie d'un autre chorégraphe.   Mais   j'avais tellement envie de danser que je me suis dit que j'allais faire comme s'il n'existait pas, comme si je ne le voyais pas.   La   musique a commencé et je suis entrée en scène. Un à un,   les   mouvements Elles étaient fluides et en même temps, je crois, elles traduisaient la folle expérience de l'exil. Un souvenir rapide de la lutte contre les êtres difformes et monstrueux qui engloutissaient les gens que j'aimais. La plage pleine de cadavres enterrés

J'ai utilisé toutes les vitrines des supermarchés, cela ne m'aurait pas étonné qu'ils l'aient autorisée en raison du manque de ventes. J'ai utilisé toutes les vitrines du supermarché, cela ne m'aurait pas étonné qu'ils l'aient autorisé à cause du manque de ventes. À un moment donné, j'ai cru reconnaître l'employé qui m'avait offert son aide, mais je n'en étais pas sûr, ils étaient tous habillés de la même façon et il était impossible de lire, à une certaine distance, la carte avec le nom qui dépassait de leur cou. Ni esos ni otros empleados del supermercado pudieron decirme quién era o, mejor, dónde podía encontrar el ángel. No tardé en darme cuenta que algunos me tomaban el pelo. Par exemple, l'un des employés est allé chercher le responsable de la distribution, qui s'est avéré être une femme assez grande avec un mauvais visage. La femme s'est approchée seule, ce qui signifie que l'employée essayait de rire, elle s'est soutenu le ventre avec les deux mains et a parcouru quelques mètres sur le chemin avant d'atteindre l'endroit où je les attendais. Les

J'ai parcouru tous les couloirs du supermarché. J'ai parcouru tous les couloirs du supermarché, il ne serait pas

C'est un peu comme si j'avais été renvoyée pour manque de ventes. Pendant un instant, j'ai cru reconnaître l'employé qui m'avait proposé son aide, mais je n'en étais pas sûr, ils étaient tous habillés de la même façon et il était impossible de lire de loin le petit badge qui pendait à leur cou. Ni eux ni les autres employés du supermarché n'ont pu me dire de qui il s'agissait, ou plutôt où je pouvais trouver l'ange. Je me suis vite rendu compte que certains d'entre eux se moquaient de moi. Par exemple, l'un des employés est allé parler au responsable de la distribution, qui était une femme corpulente avec un mauvais visage. La femme s'est approchée seule, c'est-à-dire que l'employée riait en se tenant le ventre avec les mains, et a reculé de quelques mètres avant d'arriver à l'endroit où je les attendais. La responsable mal aimée a demandé ce que

Je me suis changée et j'ai commencé les exercices de renforcement. Il m'a suffi de fermer les yeux pour me sentir sur scène, j'ai écouté la musique avec une clarté et une précision incroyables et j'ai dansé, j'ai dansé comme je n'avais jamais dansé, j'ai dansé avec l'ange. Alors, quand j'ai grimpé l'échelle et que je l'ai vu au centre de la scène, je n'ai pas été surprise".

Il avait réfléchi à ces choses pendant l'après-midi, alors qu'une gigantesque fleur de coton poussait silencieusement dans la salle de la clinique. Il se souvenait d'une des nombreuses invitations à une réception donnée par l'ambassadeur de son pays en l'honneur de la compagnie nationale, en tournée dans la région. On lui avait demandé de dire quelques mots aux jeunes danseurs et, avec le temps, elle avait appris à relier ce qu'elle venait de voir à une idée de Noverre, toujours en vigueur selon elle, ou à la défense de Serge Linfar. Elle citait deux ou trois de ses professeurs ou de ses élèves.

Je me suis changée et j'ai commencé les exercices d'échauffement. Il m'a suffi de fermer les yeux pour me sentir dans la scène, j'ai écouté la musique avec une clarté et une précision incroyables et j'ai dansé, j'ai dansé comme je n'avais jamais dansé, j'ai dansé avec l'ange. "Alors quand j'ai monté les marches et que je l'ai vu au centre de la scène, je n'ai pas été surprise".

Je pensais à ces choses cet après-midi-là, alors qu'une gigantesque fleur de coton poussait tranquillement dans la chambre de la clinique. Elle me rappelait l'une des nombreuses invitations à une réception donnée par l'ambassadeur du pays en l'honneur de la Compagnie nationale, qui était en tournée dans ce pays. Elle avait été invitée à dire quelques mots aux jeunes danseurs, et avec le temps, elle avait appris à relier ce qu'elle venait de voir à une idée de Noverre, toujours en vigueur selon elle, ou à la défense de Serge Linfar. Elle citait deux ou trois de ses maîtres ou racontait quelques anecdotes.

elle racontait une anecdote sur l'un des nombreux et excellents danseurs qui avaient accompagné sa carrière. Les années, les nombreuses années qu'il avait vécues et la célébrité qu'il avait acquise, lui avaient donné une certaine assurance dont il n'avait jamais abusé. Ce jour-là, il a parlé, comme les artistes, de l'ange ou du don. À un moment donné, les applaudissements et les acclamations ont éclaté... Gracias, dis-je plus avec les yeux qu'avec la voix. Y la Diva sefuedespidiendo , elle s'approcha de la large pente qui descendait vers le porche de la Clinique, où la voiture blanche l'attendait, le chauffeur, la porte arrière ouverte. Elle arriva au bord de la montée, sentant le poids de son regard se mêler à une certaine loi bien connue qu'elle allait bientôt défier à nouveau, comme avant, comme quand elle dansait. Machinalement, sa main chercha les panneaux de marbre et elle vit que l'ange lui tendait la main ; elle sourit et se mit à danser.

anecdote sur l'une des nombreuses et excellentes danseuses qui ont accompagné sa carrière. Les années, les nombreuses années qu'il a vécues et la célébrité qu'il a acquise, lui ont donné une certaine assurance dont il n'a jamais abusé. Ce jour-là, il a parlé, comme les artistes, de l'ange ou du don. A un moment donné, des applaudissements et des acclamations ont éclaté... Merci, dit-elle avec les yeux plutôt qu'avec la voix. Et Diva gauche dit au revoir, Elle s'approcha du grand escalier qui descendait vers l'entrée de la clinique où la voiture blanche l'attendait, le chauffeur ayant ouvert la porte arrière. Elle atteignit le bord de l'escalier, sentant le poids des regards se mêler à une certaine loi bien connue qu'elle allait bientôt défier à nouveau, comme avant, comme lorsqu'elle dansait. Machinalement, sa main s'approcha de la rampe de marbre et vit que l'ange lui tendait la sienne ; elle sourit et, doucement, elle s'approcha d'elle.

4. Bibliographie

AURELIO. **Dictionnaire en ligne Aurélio**. Disponible à l'adresse :
<http://www.dicionariodoaurelio.com/>. Consulté le:21jan.2014.

FERRÚ, Eduardo. El Cine - Digital Distributor. **Américo Ferrari - Ginebra Juin 2006**. Disponible à l'adresse suivante
<http://www.Youtube.com/watch?v=QOjl6aVW9bo>. Consulté le :
22 janv. 2014.

EL PAÍS. **The Bad Light and other horrifying fires (La mauvaise lumière et d'autres incendies horribles)**. Disponible à l'adresse suivante
<http://viajes.elpais.com.uY/2013/O9/O5/la-luz-mala-Y-los-fuegos-horrifying/>. Consulté le : 21 janv. 2014.

LEANDRO, DYegho Lopes. Folklore brésilien. **La fatigue du feu**.
Disponible à l'adresse :
<http://foclorebrasileiro.blogspot.com.br/2O12/O9/o-fogo-fatuo.html>. Consulté le : 22 janv. 2014.

MAYER, Daniel. **Caracolas. 1ª ed.** Buenos Aires, Argentine : Tsé-Tsé, 2OO5.

NAKAMURA, André Luiz. Festival folklorique d'Olimpia-SP. **Mythes et légendes**.
Disponible à l'adresse suivante
<http://www.folcloreolimpia.com.br/index.php?abre=folclore=mitos-e-lendas>. Consulté le : 22 janv. 2014.

NAYA, Equipo. Dictionnaire des mythes ET légendes. **Ailen Mulelo**.
Disponible à l'adresse : <http://www.cuco.com.ar/ailen mulelo.htm>.
Consulté le : 2O Jan. 2014.

ACADÉMIE ROYALE D'ESPAGNE. **Diccionario de la lengua española**.
Disponible à l'adresse :
<http://www.rae.es/recursos/diccionarios/drae>. Consulté le : 2Ojan.
2O14.ZAVALÍA, Carmen Ocaranza. **The Bad Light**. Disponible à l'adresse :
<http://www.folkloredelnorte.com.ar/leYendas/luzmala.htm>.
Consulté le : 2O Jan. 2014.

Table des matières